essentials

essentials liefern aktuelles Wissen in konzentrierter Form. Die Essenz dessen, worauf es als „State-of-the-Art" in der gegenwärtigen Fachdiskussion oder in der Praxis ankommt. *essentials* informieren schnell, unkompliziert und verständlich

- als Einführung in ein aktuelles Thema aus Ihrem Fachgebiet
- als Einstieg in ein für Sie noch unbekanntes Themenfeld
- als Einblick, um zum Thema mitreden zu können

Die Bücher in elektronischer und gedruckter Form bringen das Expertenwissen von Springer-Fachautoren kompakt zur Darstellung. Sie sind besonders für die Nutzung als eBook auf Tablet-PCs, eBook-Readern und Smartphones geeignet. *essentials:* Wissensbausteine aus den Wirtschafts-, Sozial- und Geisteswissenschaften, aus Technik und Naturwissenschaften sowie aus Medizin, Psychologie und Gesundheitsberufen. Von renommierten Autoren aller Springer-Verlagsmarken.

Weitere Bände in dieser Reihe http://www.springer.com/series/13088

Hinrich Schröder · Arno Müller

IT-Organisation in der digitalen Transformation

HMD Best Paper Award 2016

Mit einem Geleitwort von Stefan Meinhardt und
Dr. Stefan Reinheimer

Hinrich Schröder
Elmshorn, Deutschland

Arno Müller
Elmshorn, Deutschland

ISSN 2197-6708   ISSN 2197-6716   (electronic)
essentials
ISBN 978-3-658-18644-9   ISBN 978-3-658-18645-6   (eBook)
DOI 10.1007/978-3-658-18645-6

Die Deutsche Nationalbibliothek verzeichnet diese Publikation in der Deutschen National-
bibliografie; detaillierte bibliografische Daten sind im Internet über http://dnb.d-nb.de abrufbar.

Springer Vieweg
© Springer Fachmedien Wiesbaden GmbH 2017
Das Manuskript wurde bereits veröffentlicht unter: H. Schröder, A. Müller: Szenarien und Vorgehen
für die Gestaltung der IT-Organisation von morgen. HMD – Praxis der Wirtschaftsinformatik 53
(2016), 311, S. 580–593.

Gedruckt auf säurefreiem und chlorfrei gebleichtem Papier

Springer Vieweg ist Teil von Springer Nature
Die eingetragene Gesellschaft ist Springer Fachmedien Wiesbaden GmbH
Die Anschrift der Gesellschaft ist: Abraham-Lincoln-Str. 46, 65189 Wiesbaden, Germany

Was Sie in diesem *essential* finden können

- Treiber der digitalen Transformation
- Künftige Anforderungen an die Unternehmens-IT
- Ein Vorgehensmodell zur Gestaltung einer zukunftsfähigen IT-Organisation
- Typische Szenarien für die IT-Organisation von morgen
- Hinweise zu neuen Rollen und benötigen Skills in IT-Organisationen

Geleitwort

Der prämierte Beitrag

Die zunehmende Digitalisierung der Unternehmensprozesse geht einher mit einem zunehmenden Bedarf an Rechenleistung und Speicherkapazitäten gepaart mit wesentlich höheren Anforderungen an die zum Einsatz kommenden Informationssysteme.

Effiziente Informationshaltung mit beliebiger Skalierbarkeit benötigter Ressourcen und ubiquitärer Verfügbarkeit auf mobilen Medien ist ein Erfolgskriterium für modernes IT-Management. Heutzutage ist es selbstverständlich, Cloud-Lösungen als zentrales Standardelement einer Unternehmens-Architektur zu positionieren.

Neben Infrastructure as a Service (IaaS) und Platform as a Service (PaaS) setzt sich zunehmend auch Software as a Service (SaaS) durch – auf privaten, öffentlichen oder hybriden Cloud-Systemen.

Der prämierte Beitrag »Szenarien und Vorgehen für die Gestaltung der IT-Organisation von morgen« von Hinrich Schröder und Arno Müller stellt sehr anschaulich die neu entstehenden Anforderungen an die IT-Organisation dar, die der Einsatz von Cloud Computing für die Unternehmen mit sich bringt.

Die Autoren fokussieren hierbei auf ein 3-stufiges Phasenmodell zur Gestaltung einer zukunftsfähigen IT-Organisation, die eine auf die Bedürfnisse des Cloud Computing angepasste unternehmensspezifische Aufgabenverteilung zwischen der IT-Abteilung, den Fachabteilungen und externen Partnern zum Ziel hat. Die wesentlichen Schritte sind eine entsprechende Aufgabenanalyse im IT-Management, Entwicklung von Szenarien für eine zukünftige Aufgabenverteilung sowie die Definition von neuen Rollen und erforderlichen Skills der Aufgabenträger.

Die Aktualität des im Beitrag von Schröder und Müller behandelten Themas, gepaart mit der anschaulichen Vorstellung eines pragmatisch umsetzbaren

Vorgehensmodells zur Anpassung der bestehenden IT-Organisation an die Bedürfnisse des Cloud Computing Architekturmodells, waren die ausschlaggebenden Kriterien, die die HMD Jury zur Prämierung des Beitrags für den HMD Best Paper Award 2016 bewogen haben.

Die HMD – Praxis der Wirtschaftsinformatik und der HMD Best Paper Award

Alle HMD-Beiträge basieren auf einem Transfer wissenschaftlicher Erkenntnisse in die Praxis der Wirtschaftsinformatik. Umfassendere Themenbereiche werden in HMD-Heften aus verschiedenen Blickwinkeln betrachtet, sodass in jedem Heft sowohl Wissenschaftler als auch Praktiker zu einem aktuellen Schwerpunktthema zu Wort kommen. Den verschiedenen Facetten eines Schwerpunktthemas geht ein Grundlagenbeitrag zum State of the Art des Themenbereichs voraus. Damit liefert die HMD IT-Fach- und Führungskräften Lösungsideen für ihre Probleme, zeigt ihnen Umsetzungsmöglichkeiten auf und informiert sie über Neues in der Wirtschaftsinformatik. Studierende und Lehrende der Wirtschaftsinformatik erfahren zudem, welche Themen in der Praxis ihres Faches Herausforderungen darstellen und aktuell diskutiert werden.

Wir wollen unseren Lesern und auch solchen, die HMD noch nicht kennen, mit dem »HMD Best Paper Award« eine kleine Sammlung an Beiträgen an die Hand geben, die wir für besonders lesenswert halten, und den Autoren, denen wir diese Beiträge zu verdanken haben, damit zugleich unsere Anerkennung zeigen. Mit dem »HMD Best Paper Award« werden alljährlich die drei besten Beiträge eines Jahrgangs der Zeitschrift „HMD – Praxis der Wirtschaftsinformatik" gewürdigt. Die Auswahl der Beiträge erfolgt durch das HMD-Herausgebergremium und orientiert sich an folgenden Kriterien:

- Zielgruppenadressierung
- Handlungsorientierung und Nachhaltigkeit
- Originalität und Neuigkeitsgehalt
- Erkennbarer Beitrag zum Erkenntnisfortschritt
- Nachvollziehbarkeit und Überzeugungskraft
- Sprachliche Lesbarkeit und Lebendigkeit

Alle drei prämierten Beiträge haben sich in mehreren Kriterien von den anderen Beiträgen abgesetzt und verdienen daher besondere Aufmerksamkeit. Neben dem Beitrag von Hinrich Schröder und Arno Müller wurden ausgezeichnet:

- C. Brandes, M. Heller: Qualitätsmanagement in agilen IT-Projekten – quo vadis? HMD – Praxis der Wirtschaftsinformatik 53 (2016), 308, S. 169–184.
- M. Böck, F. Köbler, E. Anderl, L. Le: Social Media-Analyse – Mehr als nur eine Wordcloud? HMD – Praxis der Wirtschaftsinformatik 53 (2016), 309, S. 323–338.

Die HMD ist vor mehr als 50 Jahren erstmals erschienen: Im Oktober 1964 wurde das Grundwerk der ursprünglichen Loseblattsammlung unter dem Namen „Handbuch der maschinellen Datenverarbeitung" ausgeliefert. Seit 1998 lautet der Titel der Zeitschrift unter Beibehaltung des bekannten HMD-Logos „Praxis der Wirtschaftsinformatik", seit Januar 2014 erscheint sie bei Springer Vieweg. Verlag und HMD-Herausgeber haben sich zum Ziel gesetzt, die Qualität von HMD-Heften und -Beiträgen stetig weiter zu verbessern. Jeder Beitrag wird dazu nach Einreichung doppelt begutachtet: Vom zuständigen HMD- oder Gastherausgeber (Herausgebergutachten) und von mindestens einem weiteren Experten, der anonym begutachtet (Blindgutachten). Nach Überarbeitung durch die Beitragsautoren prüft der betreuende Herausgeber die Einhaltung der Gutachtervorgaben und entscheidet auf dieser Basis über Annahme oder Ablehnung.

Stefan Meinhardt
Dr. Stefan Reinheimer
Walldorf und Nürnberg

Bibliografische Informationen

Schröder H, Müller U, (2016) Szenarien und Vorgehen für die Gestaltung der IT-Organisation von morgen. HMD – Praxis der Wirtschaftsinformatik 53(311):580–593.

Inhaltsverzeichnis

Aspekte der Gestaltung einer zukunftsfähigen IT-Organisation 1

Die Kernaufgabe der klassischen Unternehmens-IT (IT-Abteilung/Corporate IT) liegt in der optimalen Unterstützung der Geschäftsprozesse des Unternehmens mit der dafür geeigneten Infrastruktur und passenden Applikationen Zur Sicherung der Zukunftsfähigkeit des Unternehmens ist es in Folge der weitreichenden Digitalisierung von Produkten, Kundeninteraktionen und der internen Prozesse erforderlich, die Rolle der IT völlig neu zu gestalten. Da IT zunehmend zum Kernbestandteil der Produkte und Leistungen von Unternehmen wird und damit neue strategische Relevanz erlangt, wird die bisherige Rolle der IT als Erbringer der IT-Services für die Geschäftsprozesse infrage gestellt. Das IT-Management muss permanent technologische Veränderungen verfolgen und systematisch bewerten, um Innovationen möglichst frühzeitig zielgerichtet einzuführen. Aktuelle Instrumente der Digitalisierung wie Mobile IT, Cloud Computing, Social Media oder Big Data rücken dabei in zunehmendem Maße in den Fokus. Begleitend zu den technischen Veränderungen verändern sich auch die Fähigkeiten und Anforderungen der Anwender. Getrieben durch die IT-Durchdringung des privaten Bereichs und die damit verbundene zunehmende Erfahrung und IT-Affinität der Nutzer steigen die Erwartungen und Anforderungen an die Leistungen der Corporate IT (Urbach und Ahlemann 2016).

Weiterhin sind zunehmend Anforderungen an die Unternehmens-IT zu beobachten, die von anderen Stakeholdern bzw. aus dem Unternehmensumfeld abzuleiten sind. Insbesondere durch die Möglichkeiten des Cloud Computing verändern sich die Betriebsmodelle für die IT. Neben Ansprüchen der unmittelbaren Geschäftspartner, der Kunden und Lieferanten, die durch die zunehmende Vernetzung immer häufiger und kurzfristiger Veränderungen in den IT-gestützten Geschäftsprozessen initiieren, resultieren daraus vor allem Compliance-Anforderungen unterschiedlichster Prägung, und das Thema IT-Sicherheit erhält eine zentrale Bedeutung (ISACA 2015).

© Springer Fachmedien Wiesbaden GmbH 2017
H. Schröder und A. Müller, *IT-Organisation in der digitalen Transformation*, essentials, DOI 10.1007/978-3-658-18645-6_1

Vor dem Hintergrund dieser Veränderungen und Einflüsse wird prognostiziert, dass sich die Rolle der Unternehmens-IT zukünftig von der heutigen gravierend unterscheiden wird (Andermatten 2014; Koch et al. 2015). Unklar ist dabei, wie sich diese Rolle künftig darstellen wird und welche Veränderungen auf dem Weg dahin zu durchlaufen sind.

Dafür sind Antworten auf folgende Fragestellungen zu finden:

- Welche neuen Aufgaben, Anforderungen, Chancen und Risiken resultieren aus den unternehmensexternen und -internen Veränderungen für das IT-Management?
- Wer soll diese Aufgaben künftig ausführen: IT-Abteilung, Fachbereiche oder externe Partner? Was sind künftig die Kernkompetenzen der Unternehmens-IT?
- Welche unterschiedlichen Szenarien für die Unternehmens-IT sind daraus abzuleiten?
- Wie erfolgt die Auswahl des „richtigen" Szenarios?
- Welche Rollen und Skills werden in den jeweiligen Szenarien künftig benötigt?
- Welche Fähigkeiten muss der „IT-Mitarbeiter der Zukunft" mitbringen?

Für diese Punkte wird im Folgenden ein pragmatisches Vorgehensmodell vorgestellt, das IT-Organisationen helfen kann, die kommenden Herausforderungen zu bewältigen und die notwendigen Veränderungen voranzutreiben.

Der Begriff der „IT-Organisation" wird hier ganzheitlich verstanden. Gegenstand sind die mit der IT-Nutzung zusammenhängenden Aufgaben, die konkreten Aufgabenträgern zugeordnet werden – unabhängig davon, ob die Aufgabenträger im Fachbereich, der IT-Abteilung oder bei externen Partnern angesiedelt sind und unabhängig davon, ob es sich um IT im Produkt, in der Kundeninteraktion oder den internen Prozessen handelt. Im Rahmen der digitalen Transformation muss die IT ganzheitlich organisiert werden.

Beiträge zum Themenbereich „Zukunft der IT" konzentrieren sich meist auf einzelne technologische Entwicklungen oder Trendthemen (Sammer et al. 2014; Choudhary und Vithayathil 2013; McAfee und Brynjolfsson 2012; Vossen et al. 2012). Deutlich wird auf die Potenziale der IT hingewiesen, die neue Produkte und Geschäftsmodelle für Unternehmen ermöglicht, die Vernetzung und Zusammenarbeit zwischen Mitarbeitern oder zu Geschäftspartnern revolutioniert oder Wertschöpfungsketten neu definiert (Porter und Heppelmann 2014; Kappelman et al. 2013). Gleichzeitig kommen die Risiken zur Sprache, die mit dem zunehmenden Einsatz der IT einhergehen (Knoll 2014).

Ein weiterer Forschungszweig befasst sich mit den veränderten Skills und Erwartungshaltungen der Anwender der Unternehmens-IT und den Veränderungen der Arbeitswelt (Forman et al. 2015; Myers und Sundaram 2012). Meist wird dabei auf die daraus resultierenden Anforderungen an die Unternehmensbereiche eingegangen, die bisher den Einsatz von IT geplant, umgesetzt und gesteuert haben. Jedem der vorgenannten Themengebiete kann dabei ein Einfluss auf die Aufgaben, Prozesse und Rollen innerhalb der Unternehmens-IT zugeschrieben werden. So werden Rollen wie „Social Media Officer", „Big Data Analysten" oder „Cloud Manager" propagiert und Prozess- und Verhaltensänderungen bspw. in Richtung einer „Cloud Governance" oder „Social Media Governance" empfohlen (Johnston 2015; Roohani und Attaran 2014).

Konsequent wird darauf hingewiesen, dass die Rolle der IT-Abteilung und des IT-Leiters in Unternehmen neu definiert werden sollte (Andriole 2015; Goodwin 2013; Jost 2012; Kalinowski et al. 2012; Bardhan et al. 2010). Arbeiten, die in diese Richtung gehen, sind auch geprägt durch Studien der großen Beratungs- und Marktforschungsunternehmen (Capgemini 2015; Detecon 2011). Beiträge zur „digitalen Transformation" (Westerman und Bonnet 2015) haben meist das gesamte Unternehmen im Blick und verbleiben damit auf einem vergleichsweise hohen Abstraktionsgrad. Dabei ist auch erkennbar, dass zwar der Bedarf zur Transformation erkannt wird, jedoch nur wenige konkrete Hinweise gegeben werden, wie dies erfolgen soll.

Als Quintessenz ist festzuhalten, dass Veränderungsbedarfe auf allen Ebenen (Governance, Skills, Prozesse, Technologie) gesehen werden. All diese Empfehlungen haben Auswirkungen auf die zukünftige IT-Organisation. Werden sie jedoch nur punktuell oder bei Bedarf umgesetzt, lässt dies ein Entstehen von Lücken und Kompetenzüberschneidungen vermuten. Ein gleichzeitiges Umsetzen aller Empfehlungen dürfte demgegenüber einen großen organisatorischen Overhead erzeugen.

Hier soll als Beispiel die Diskussion rund um den „Chief Digital Officer" aufgegriffen werden. Fast einhellig fordert die Fachwelt diese neue Rolle mit einer zugehörigen Organisation, damit die digitale Transformation der Unternehmen bewältigt werden kann. Obwohl es nicht an entsprechenden Aufgabenbeschreibungen mangelt, bleibt aber die Abgrenzung zu der „klassischen IT-Organisation" mit dem CIO oder den IT-bezogenen Aufgaben der Leiter von Fachabteilungen ungelöst. Was fehlt ist ein Gesamtbild einer künftigen IT-Organisation, das klare Rollen und Verantwortlichkeiten beinhaltet, die Aufgabenverteilung gegenüber Fachabteilungen und Providern klar regelt, das IT-Risikomanagement angemessen berücksichtigt und hinreichend flexibel ist, um kommende Potenziale der IT, die heute noch nicht absehbar sind, auszuschöpfen.

Cloud Computing als einer der Treiber der digitalen Transformation

Cloud Computing ist aus der privaten Nutzung längst nicht mehr wegzudenken. Lange bevor die großen Provider und IT-Unternehmen wie Apple, Amazon und Co. ihre Cloud Angebote auf den Markt brachten, haben Privatanwender bereits selbstverständlich Mail-Services aus der Cloud in Anspruch genommen, entsprechende Anwendungen zum Teilen von Fotos oder Dokumenten genutzt, private Webseiten mithilfe von cloudbasierten Services aufgebaut oder Terminfindungen und andere kollaborative Aufgaben über Softwarelösungen erledigt, die per Internet-Browser bedienbar und jederzeit verfügbar sind. Das alles geschah und geschieht bei Bedarf, unkompliziert, ohne große Anlaufzeit und stets mit einem gehörigen Maß an Vertrauen gegenüber dem jeweiligen Diensteanbieter hinsichtlich Sicherheit und Schutz der bereitgestellten Daten (Schröder und Krüger 2014).

Auch hier lässt sich die Tendenz beobachten, dass das, was sich im privaten Umfeld bewährt, schrittweise in den Unternehmen zur Anwendung kommt. Einer Studie der KPMG und BITKOM zufolge beschäftigen sich fast zwei Drittel der deutschen Unternehmen zumindest mit privaten Cloud Lösungen (KPMG 2015). Damit wird der Versuch unternommen, die offensichtlichen Vorteile von Cloud Services hinsichtlich schneller Verfügbarkeit, Skalierbarkeit, Nutzung bei Bedarf sowie raum- und zeitunabhängigem Zugang, mit den unternehmensbedingten Anforderungen hinsichtlich Datenschutz und -sicherheit zu kombinieren (Horndasch et al. 2011; Erl et al. 2013).

Nicht zuletzt sind es die Anwender in Unternehmen, die auf internetbasierte Services zugreifen, wenn „mal eben schnell" eine Lösung gefunden werden muss und man dafür nicht wochenlang auf die Umsetzung eines Changes durch die eigene IT-Organisation warten möchte. Vereinzelt wird in diesem Zusammenhang von einer „Emanzipation" der Fachbereiche von der IT gesprochen (Kalinowski et al. 2012). Die IT-Abteilungen haben derzeit meist keinen Einfluss auf diese

© Springer Fachmedien Wiesbaden GmbH 2017
H. Schröder und A. Müller, *IT-Organisation in der digitalen Transformation*, essentials, DOI 10.1007/978-3-658-18645-6_2

„Schatten-IT" und versuchen, die Governance auf diese Anwendungen auszuweiten, um IT-Risiken beherrschbar zu halten.

In der privaten IT-Nutzung ist es inzwischen selbstverständlich, dass es für jedes Problem sofort eine IT-Lösung gibt, die sich als App installieren lässt. Damit liegt es nahe, diese Erwartung, zumindest in Ansätzen auf die Unternehmens-IT zu projizieren, die mit der öffentlich verfügbaren IT zunehmend konkurriert. Wenn die Ungeduld der Anwender nicht befriedigt werden kann, werden diese tendenziell auf externe Angebote zugreifen und die „Schatten-IT" (Brenner et al. 2011; Zimmermann und Rentrop 2012; ISACA 2016) vergrößern. Mit Policies oder technischen Zugangsbeschränkungen lassen sich solche Entwicklungen zwar eindämmen, allerdings scheint mehr als fraglich, ob sie aufzuhalten sind (Zimmermann und Rentrop 2012).

Welche Anforderungen resultieren daraus nun für die Unternehmens-IT? Einerseits ist sie gefordert, stets im Sinne der Kundenzufriedenheit – gemeint sind hier zunächst die unternehmensinternen Kunden der IT – zu agieren. Andererseits müssen Compliance-Anforderungen erfüllt (Gruber et al. 2013), Risiken vermieden und nicht zuletzt Kosten verringert werden. Dieses Spannungsfeld gilt es zu bewältigen (Schröder und Krüger 2014).

Anforderungen leiten sich aber nicht nur für die Unternehmens-IT ab. Auch die Anwender, die mobile IT nutzen, auf Cloud Services zugreifen oder ihre eigenen Endgeräte in das Unternehmensnetzwerk einbringen, müssen die damit verbundenen Veränderungen mittragen (Gruber et al. 2013). Die höhere Flexibilität und der bessere Komfort gehen einher mit einer steigenden eigenen Verantwortung, die u. a. in der Einhaltung von Guidelines für mobile Endgeräte zum Ausdruck kommen sollte (Buchegger 2013). Auch darf nicht vernachlässigt werden, dass längst nicht alle Mitarbeiter neue, cloudbasierte Lösungen akzeptieren, die gewöhnungsbedürftig sein können und meist gewohnte Abläufe massiv verändern, da eine standardisierte Cloud Lösung nicht auf altbewährte, spezifische Geschäftsprozesse ausgerichtet sein kann (Vossen et al. 2012).

Cloud Computing ist auch deshalb ein zentraler Treiber der Digitalisierung, weil dem Modell eine völlig neue IT-Architektur zugrunde liegt. Es handelt sich nicht um die Verlagerung monolithischer IT-Anwendungen aus internen Rechenzentren auf Cloud Server, sondern um die Nutzung voll funktionsfähiger Services, die zu Anwendungen zusammengestellt werden. Neue IT-Anwendungen bestehen nicht aus einer einzigen, zentral entwickelten und dokumentierten Menge an Code Lines, sondern aus der Zusammenstellung vieler Cloud basierter IT-Services. Infolgedessen können auch IT-Laien in kurzer Zeit sehr große Anwendungen realisieren.

Phasenmodell zur Gestaltung einer zukunftsfähigen IT-Organisation

Die beschriebenen Veränderungen leiten über zur Frage, wer im Unternehmen künftig welche Aufgaben hinsichtlich der Bereitstellung und des Betriebs der IT übernehmen soll. Die IT-Organisation ist geprägt durch die zur Erbringung der IT-Services notwendigen Aufgaben. Diese werden an Aufgabenträger (Rollen) gekoppelt, die schließlich in größeren Organisationseinheiten gebündelt werden. Zur Vereinfachung werden diese übergeordneten Einheiten hier zunächst auf die drei Akteure Unternehmens-IT, externe Dienstleister (z. B. Cloud Provider) sowie die Fachabteilung (Nutzer des Services) beschränkt. Für eine praktische Umsetzung ist eine weitere Differenzierung innerhalb dieser Akteure vorzunehmen.

Demnach lässt sich die Gestaltung der IT-Organisation dem Ablauf der Organisationsentwicklung folgend in drei Phasen unterteilen:

- Phase 1: Aufgabenanalyse im IT-Management mit dem Fokus auf die Identifikation der als Folge der Digitalisierung entstehenden neuen Aufgaben
- Phase 2: Zuordnung der Aufgaben zu den drei Akteuren (Unternehmens-IT, Externe oder Fachabteilung) und Abgleich mit möglichen Szenarien (Grundmustern) der Aufgabenverteilung
- Phase 3: Beschreibung von Rollen und notwendigen Skills der Aufgabenträger

Vorab sollte die Frage geklärt werden, ob eine Organisationsentwicklung in der IT überhaupt erforderlich ist. Wenn die derzeitige Organisation in der Lage ist, ihre Aufgaben effizient zu erfüllen, scheint kein Veränderungsbedarf zu bestehen. Dabei darf aber nicht außer Acht gelassen werden, dass eine Organisationsstruktur auf die aktuellen Aufgaben sowie die Strategie und Kultur des Unternehmens ausgerichtet ist. Wenn sich einer dieser Einflussbereiche ändert, muss die Struktur i. d. R. angepasst werden, zumal zahlreiche Wechselwirkungen zwischen diesen Elementen bestehen.

© Springer Fachmedien Wiesbaden GmbH 2017
H. Schröder und A. Müller, *IT-Organisation in der digitalen Transformation*, essentials, DOI 10.1007/978-3-658-18645-6_3

Die Gefahr für eine erfolgreiche Organisation ist ihre eigene Trägheit. In einem stabilen Umfeld sichert ein statisches Verhalten einen andauernden Erfolg, wohingegen dies in einem dynamischen Umfeld, in dem sich typischerweise die IT wiederfindet, zu Misserfolg führt. Auf dem Weg von der IT-Industrialisierung zu der Digitalisierung ändern sich alle relevanten Faktoren im IT-Management: Unternehmensstrategien und Geschäftsmodelle werden neu definiert, bestehende Aufgaben obsolet, neue Aufgaben definiert, Unternehmenskulturen befinden sich im Wandel. Vor diesem Hintergrund sollte ein regelmäßiges Hinterfragen der richtigen Positionierung und Struktur der IT-Organisation obligatorisch sein.

Es stellt sich die Frage, warum die Aussagen zur optimalen IT-Organisation einem so starken Wandel unterliegen. Heute wird die Digitalisierung und somit die richtige Nutzung von IT als strategischer Wettbewerbsvorteil angesehen. Diese strategische Relevanz wurde der IT auch bis Ende der neunziger Jahre hinein zugesprochen. Unternehmen mit hoher IT-Kompetenz galten als erfolgreicher im Wettbewerb, was Mitte der neunziger Jahre im Internet Hype zu einer Überbewertung der Relevanz und zu übertrieben hohen Investitionen in IT führte. Mit dem Ende der Dotcom-Blase gab es einen drastischen Umschwung. IT wurde primär als notwendiges Hilfsmittel (facility) eingestuft, das möglichst kostengünstig bereitgestellt werden sollte. Die Folge waren die Industrialisierung der IT und die Leistungserbringung an den möglichst kostengünstigsten Standorten (Outsourcing/Offshoring). Die Organisationsstrukturen folgten dem Effizienzziel, und es wurden spezialisierte Silos und stark strukturierte Prozesse (ITIL®) mit hoher Arbeitsteilung umgesetzt. Die strikte Trennung von Supply und Demand sowie die von Build und Run im Bereich Supply waren die Folge. Diese Strukturen sind geeignet, eine sich selten und in langen Zyklen ändernde IT effizient zu organisieren. Der Nachteil dieser mechanistischen Struktur ist die schlechte Anpassungsfähigkeit bei Veränderungen, d. h. die mangelnde Agilität. In der aktuellen Diskussion zur Digitalisierung steht nun die Agilität der IT und weniger die Effizienz im Fokus.

Diese neue Anforderung kann jedoch nur mit neuen Strukturen erfüllt werden. Agilität entsteht durch dezentrale, sich selbst organisierende, autonome Einheiten die von der Idee bis zum produktiven Betrieb einen IT Service begleiten. So müssen Demand und Supply und Build und Run zusammenwachsen, wie es aktuell in der DevOps-Bewegung propagiert wird (Thomas et al. 2017). Daraus wird deutlich, dass eine Reorganisation der Unternehmens-IT nicht nur durch neue Aufgaben in Folge neuer Technologien, sondern auch durch gestiegene Relevanz und Erwartungshaltung des Top Management getrieben wird.

3.1   Phase 1: Aufgabenanalyse im IT-Management

Zur Organisationsentwicklung müssen in einem ersten Schritt Aufgabencluster und detaillierte Aufgabenkataloge gebildet werden. Dabei ist zunächst naheliegend, auf Referenzmodelle zum IT-Servicemanagement wie insbesondere ITIL® zurückzugreifen. Allerdings sind die Prozessmodelle und damit verbundene Aufgabenkataloge dort recht eng auf IT-Dienstleister zugeschnitten. Zudem sind neue Aufgaben, die sich aus der Digitalisierung des Unternehmens ergeben, nicht in ausreichendem Maße berücksichtigt. Die künftige IT-Organisation konzentriert sich nicht nur auf die verlässliche Bereitstellung der vom Fachbereich geforderten IT-Services und des Managements der damit verbundenen Risiken. Die strategische richtige Nutzung der IT im Rahmen der Digitalisierung der Geschäftsmodelle rückt neue Aufgabenbereiche, wie das Vorantreiben von IT-gestützten Innovationen, das Optimieren von Geschäftsprozessen, die Unterstützung neuer Formen der Zusammenarbeit und das Managen zunehmend fragmentierter Wertschöpfungsketten in den Fokus.[1]

Die Tab. 3.1 zeigt eine entsprechende Zusammenstellung von Aufgabenbereichen, für die eine künftig wachsende Bedeutung sowie starke Veränderungen für IT-Organisationen zu erwarten sind. Heruntergebrochen in Aufgabengruppen lässt sich damit ein Katalog von Einzelaufgaben erstellen, der einer weiteren Bewertung unterzogen werden kann.

Basierend auf diesem Katalog ist dann zu hinterfragen, welche Relevanz den einzelnen Aufgaben im jeweiligen Unternehmenskontext beigemessen wird. Dies kann als subjektive Einschätzung des IT-Bereichs durchgeführt werden, es empfiehlt sich jedoch, andere Unternehmensbereiche, die auf die Leistungen der IT zurückgreifen, in die Beurteilung mit einzubeziehen.

Zur Durchführung bietet sich ein Scoring-Verfahren an, das mit einem geeigneten Tool unterstützt werden kann. In dem in Abb. 3.1 exemplarisch dargestellten Werkzeug zur Aufgabenanalyse wird die Relevanz der Einzelaufgaben auf einer Skala von 1 (weniger wichtig) bis 5 (sehr wichtig) für die erfolgreiche Erbringung der IT-Services bewertet. Hierbei können ggf. auch nicht relevante Aufgaben gekennzeichnet werden. Im Ergebnis lässt sich so ein Aufgabenprofil

---

[1]Die folgenden Überlegungen und Ansätze basieren im Wesentlichen auf einem von den Autoren durchgeführten Arbeitskreis, an dem regelmäßig etwa 30 Führungskräfte aus den IT-Organisationen von 14 Unternehmen unterschiedlicher Branchen und Größenordnungen beteiligt waren.

Tab. 3.1 Aufgabenanalyse. (ohne Einzelaufgaben)

6 Aufgabenbereiche	24 Aufgabengruppen (mit in Summe ca. 100 Einzelaufgaben)
1. Business Innovation	• Innovation treiben • Innovationen durch IT schneller umsetzen • Rahmenbedingungen für digitale Innovation schaffen • Daten professionell managen
2. Prozessoptimierung	• Prozessdenken etablieren • Optimierungspotenziale durch IT-Innovation erkennen • Schnelle Prozessänderung und Anpassungen ermöglichen • Geschäftsprozesse kontinuierlich verbessern
3. IT-Serviceerbringung	• Zielorientierte IT-Services entwickeln • Hohe Servicequalität sicherstellen • Anwender qualifizieren und sensibilisieren • Serviceprozesse kontinuierlich verbessern
4. Mitarbeitervernetzung	• IT auf die Erwartung der „digital natives" ausrichten • IT-gestütztes Wissensmanagement etablieren • Consumerization der IT berücksichtigen • Neue Arbeitsformen unterstützen
5. Management der Risiken	• Bedrohungen erkennen • Risiken analysieren • Maßnahmen umsetzen • Risiken überwachen
6. Management der IT-Wertschöpfungskette (Provider-/Cloud-Management)	• Make or (and) buy Strategie entwickeln • Service-Integration ermöglichen • Beschaffungsprozesse operativ unterstützen • Beschaffungsprozesse überwachen und verbessern

für die IT-Organisation entwickeln, das auf die künftig bedeutsamen Aufgabenbereiche fokussiert.

Praktische Erfahrungen der Autoren bei der Anwendung dieses Werkzeugs im Unternehmenskontext und die damit einhergehenden Diskussionen lassen einige Tendenzaussagen zu. So ist anzunehmen, dass die IT im Aufgabenbereich *Business Innovation* und damit verbunden im Bereich der Produktentwicklung eine zunehmend wichtigere Rolle spielen wird. Hierbei ist die bisher meist anzutreffende Trennung der Produkt-IT von der Unternehmens-IT infrage zu stellen. Die in der Produkt-IT integrierten Anwendungen müssen immer stärker mit den Backend-Systemen des Unternehmens verbunden werden, um die Potenziale neuer Geschäftsmodelle und -prozesse auszuschöpfen. Die Daten, die einzelne

Provider- / Cloud-Management   **Bewertung**

Nr.	Kategorie	Aufgaben	Wert	nicht relevant	weniger wichtig				sehr wichtig
					1	2	3	4	5
1		IT-Wertschöpfungsketten hinsichtlich ihrer Sourcing-Attraktivität analysieren	2			x			
2	Make or (and) Buy Strategie entwickeln	Geeignetes Beschaffungsszenario je Wertschöpfungskette definieren	4					x	
3		Supplier Relations für alle fremdbezogenen IT-Services aufbauen	2			x			
5		Geeignete technische Plattform für die Integration von externen (Cloud) Services bereitstellen	1		x				
6	Service-Integration ermöglichen	Geeignete Beschaffungsprozesse je Materialgruppe (IT Service Cluster) definieren und organisatorisch verankern	3				x		
7		„Best of Breed"-Lösungen auswählen	3				x		
8		Verantwortung für Service-Orchestrierung in der Organisation verankern	4					x	

Abb. 3.1 Bewertung der Bedeutung der Einzelaufgaben. (Ausschnitt; konkretes Praxisbeispiel)

Produkte liefern, müssen in Verbindung mit Kundendaten aus den Vertriebssystemen, aber auch aus Social Media- Anwendungen und oft weiteren Datenquellen auswertbar sein. Hierzu bedarf es nicht nur technischer Lösungen des „Big Data", sondern insbesondere der Überwindung der organisatorischen Hürden zwischen den Organisationseinheiten, die sich mit IT befassen.

Im Bereich *Prozessoptimierung* ist die IT schon heute vielfach in die Aufgabenerfüllung eingebunden. Diese Aufgabe bleibt relevant und erfordert eine aktive Rolle der Unternehmens-IT, die sich als Partner der Prozessoptimierung sieht. Wenn der IT-Einsatz weiter an Bedeutung gewinnt, um die Prozesse unter Einbindung von Kunden und Lieferanten zu optimieren, muss entweder der Fachbereich mehr IT Know-how aufbauen, oder die IT muss das Prozessverständnis weiterentwickeln.

Die *IT-Serviceerbringung* dürfte sich insbesondere durch Cloud Computing gravierend verändern, wobei das Ausmaß der Aufgabenverschiebung nicht eindeutig zu beurteilen ist. „Software as a Service" ermöglicht es, die komplette Verantwortung für eine Applikation in den jeweiligen Fachbereich zu übertragen, sodass in der Unternehmens-IT diesbezüglich kaum Aufgaben verbleiben. Wenn lediglich die Cloud Technologie in Form einer private Cloud im Unternehmen genutzt wird, bleiben die Aufgaben des Systembetriebs zwar weitgehend in der IT, die Bereitstellung cloudbasierter Services bietet aber auch hier die Möglichkeit, die Nutzer der IT stärker in die Pflicht zu nehmen und zumindest einfache Leistungen im First-Level Support dezentral erbringen zu lassen.

Neu entstehende Aufgabenbereiche aus neuen Formen der Zusammenarbeit und den Anforderungen der neuen Mitarbeitergeneration der „digital natives" wurden in dem Bereich *Mitarbeitervernetzung* zusammengefasst. Als besondere Herausforderungen sind hier die hohen Veränderungsgeschwindigkeiten, u.a. im Bereich der Endgeräte, sowie die zurückgehende Trennung zwischen Arbeitszeit und Freizeit und die damit verbundene Forderung nach Zugangsmöglichkeiten mit privaten Geräten erkennbar. Mit diesen Entwicklungen sind neue Aufgaben im Bereich *Risikomanagement* verbunden. Ein offenes, sich schnell veränderndes IT-System, in dem eine sehr große Anzahl Anwendungen, Geräte, diverse Cloud Anbieter und viele interne und externe Anwender eingebunden sind, ist mit den herkömmlichen Maßnahmen eines hinter „Firewalls" geschützten Rechenzentrums kaum noch zu verteidigen.

Damit verbunden ist auch das *Provider-Management,* das sich in Verbindung mit Cloud Services zunehmend wandelt. Während die Beziehung zu klassischen Outsourcing-Partnern meist in Form einer Kooperation mit individueller Abstimmung und Preisen sowie vergleichsweise hoher Gestaltungsmöglichkeit der Beziehung durch die Unternehmens- IT ausgeprägt war, wird das Cloud Computing grundsätzlich eher vom Lieferanten bestimmt. Hochstandardisierte Leistungen können auf Basis fester Vertragsbedingungen sehr flexibel genutzt werden. Das Management dieser Vertragsbeziehung entspricht eher einem rein transaktionalen Einkauf, da neben den Preisen die AGBs und standardisierte Vertragswerke Bestandteil der Geschäftsbeziehung sind. Meist fehlt auch die persönliche Betreuung durch den Anbieter. Diese neuen Aufgaben im Aufbau und der Pflege der Beziehungen zu den Geschäftspartnern erfordern neue Rollen und Skills im Provider-Management.

Abb. 3.2 zeigt eine exemplarische Auswertung der Aufgabenanalyse, bei der die derzeitige und die künftige Bedeutung der Aufgabengruppen gegenübergestellt wurde. Deutlich wird die zunehmende Bedeutung in den Clustern Business Innovation und Mitarbeitervernetzung, während in den Bereichen IT-Serviceerbringung und Prozessoptimierung bereits jetzt eine hohe Relevanz angenommen wird.

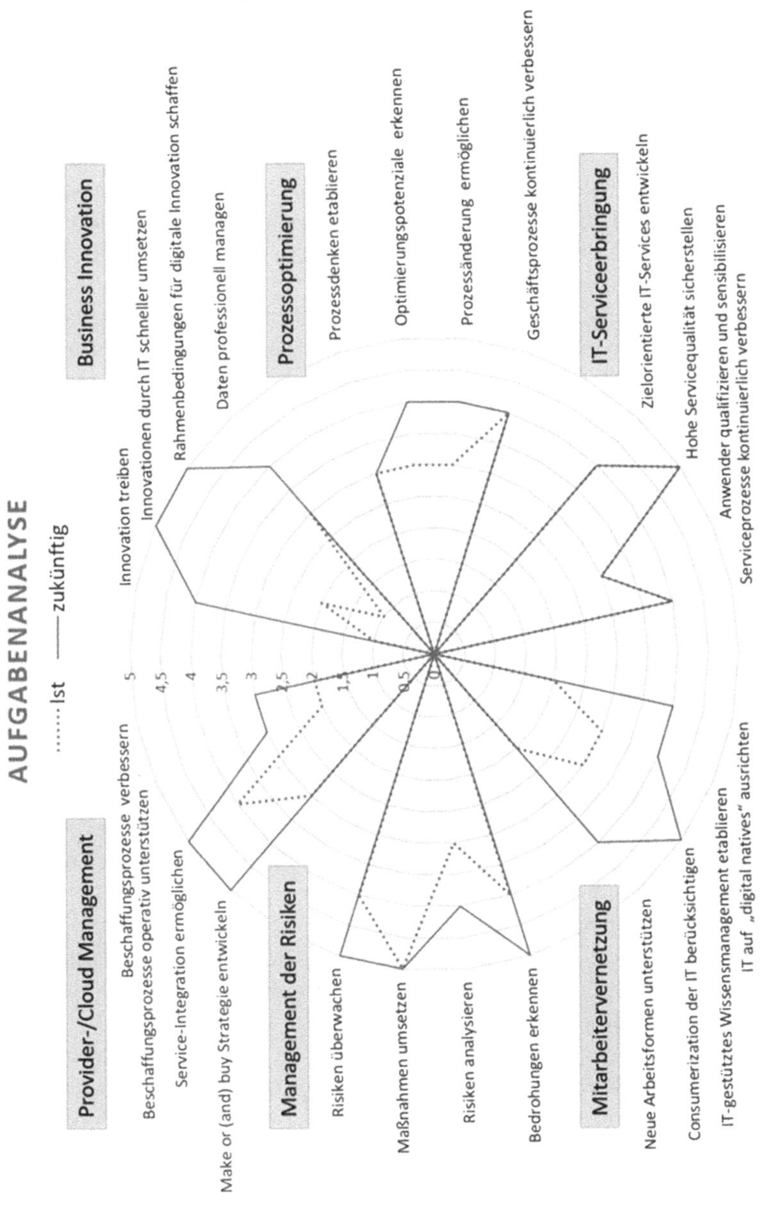

AUFGABENANALYSE

Abb. 3.2　Aufgabenanalyse: Ist vs. künftige Bedeutung

3.2   Phase 2: Aufgabenverteilung und mögliche Szenarien (Grundmuster)

Nachdem sich das IT-Management über die relevanten Aufgaben der Zukunft bewusst ist, folgt als nächster Schritt die Beantwortung der Fragestellung, welche Akteure künftig für welche Aufgaben bzw. Aufgabencluster verantwortlich sind. In detaillierter Form könnte dies mithilfe der aus unterschiedlichen Frameworks bekannten RACI-Matrix erfolgen. An dieser Stelle wird ein vereinfachter Ansatz präsentiert, der lediglich die Hauptverantwortung (entspricht dem „R" in der RACI-Matrix) zuordnet.

Es wird nur in seltenen Fällen sinnvoll und möglich sein, alle Aufgaben in der Corporate IT zu bündeln. Die Digitalisierung kann ohne intensive Einbindung der Fachbereiche und externer Partner kaum bewältigt werden. Limitierende Faktoren in der zentralen IT sind einerseits das erforderliche fachliche Know-how und andererseits die Beherrschbarkeit der stark wachsenden, komplexen Organisation.

So wird im Maschinenbau bspw. versucht, mit den im Anlagenbetrieb anfallenden Maschinendaten die Instandhaltung und die Ersatzteildisposition zu optimieren. Um dies erfolgreich umzusetzen, ist das Wissen über die Anlagen mit Methodenwissen der Business Analytics und dem IT-Wissen zur kostengünstigen Verarbeitung von Massendaten und der Anreicherung der Daten mit externen Quellen wie Watson etc. zu kombinieren. Für die Datenauswertung werden in größeren Abständen große Rechenleistungen benötigt, was sich durch die Nutzung von Cloud Services kostengünstig realisieren lässt. Dieses Beispiel zeigt, dass zukünftige IT-Systeme eine enge Zusammenarbeit von Fachbereich, IT und externen Dienstleistern erforderlich machen. Eine zentrale Aufgabe des IT-Management besteht darin, klar zu regeln, wer die Hauptverantwortung für diese neuen Themenfelder übernehmen soll.

Abb. 3.3 zeigt exemplarisch einen Ausschnitt aus einer möglichen Zuordnung der Aufgaben auf Business, IT und externe Dienstleister. Jedes Feld in der Abbildung steht dabei für eine der zuvor definierten Einzelaufgaben. Das Ergebnis ist die Darstellung der zukünftigen Aufgabenstruktur der drei Akteure Fachabteilung, Unternehmens-IT sowie externe Dienstleister als Zielmodell, das für jede untersuchte IT-Organisation im Detail unterschiedlich ausfallen dürfte.

Verdichtet man anschließend die Zuordnungen je Aufgabenbereich lassen sich Tendenzaussagen ableiten, ob ein komplettes Cluster primär vom IT-Bereich, Fachbereich oder von externen Partnern verantwortet wird. Die Abb. 3.4 verdeutlicht modellhaft einige typische Ausprägungen, die sich aus dem Ansatz ergeben können.

Business Innovation

Kategorien	Business	IT	Extern
Innovation treiben			
Innovationen durch IT schneller umsetzen			
Rahmen für digitale Innovationen schaffen			

Prozessoptimierung

Kategorien	Business	IT	Extern
Prozessdenken etablieren			
Optimierungspotenziale durch IT Innovationen erkennen			
Schnelle Prozessänderung und Anpassungen ermöglichen			

Abb. 3.3 Zukünftige Aufgabenverteilung auf die drei Akteure. (Ausschnitt; konkretes Praxisbeispiel)

Szenario 1 repräsentiert die idealtypische Zuordnung einer IT-Organisation, die sich als „Service Provider" versteht. Zentrale Aufgaben wie die Bereitstellung von IT-Services werden selbst wahrgenommen, ggf. unter Beteiligung externer Partner und Inanspruchnahme von Cloud Services. In den weiteren Beispielen wird eine schrittweise Verlagerung der Aufgabenzuordnungen verdeutlicht: So kann die Verantwortung für die Optimierung betrieblicher Prozesse im IT-Bereich wahrgenommen werden. Die IT fungiert dann als Prozessoptimierer (Szenario 2), oder sie kann, wie in Szenario 3 dargestellt, auch die Verantwortung für die Business Innovation, d. h. Entwicklung neuer Geschäftsmodelle federführend übernehmen. Bei den Szenarien 2 und 3 ist mit einer Verlagerung von Aufgaben der klassischen Serviceerbringung an Externe zu rechnen. Nur selten wird die Mitarbeiteranzahl in der IT mit zunehmenden Aufgabenumfängen wachsen. Wenn die Unternehmens-IT neue Aufgaben übernehmen möchte, wird sie bisherige und zukünftig weniger wichtige Aufgaben abgeben müssen.

Szenario 4 zeigt eine extreme Entwicklung auf: Die Verfügbarkeit von Cloud Services und damit einhergehende zunehmende Emanzipation der Fachbereiche von der Unternehmens-IT führt zu einer Verlagerung von Aufgaben an externe Dienstleister und an die Fachabteilungen. Die „Schatten-IT" wird hier zum

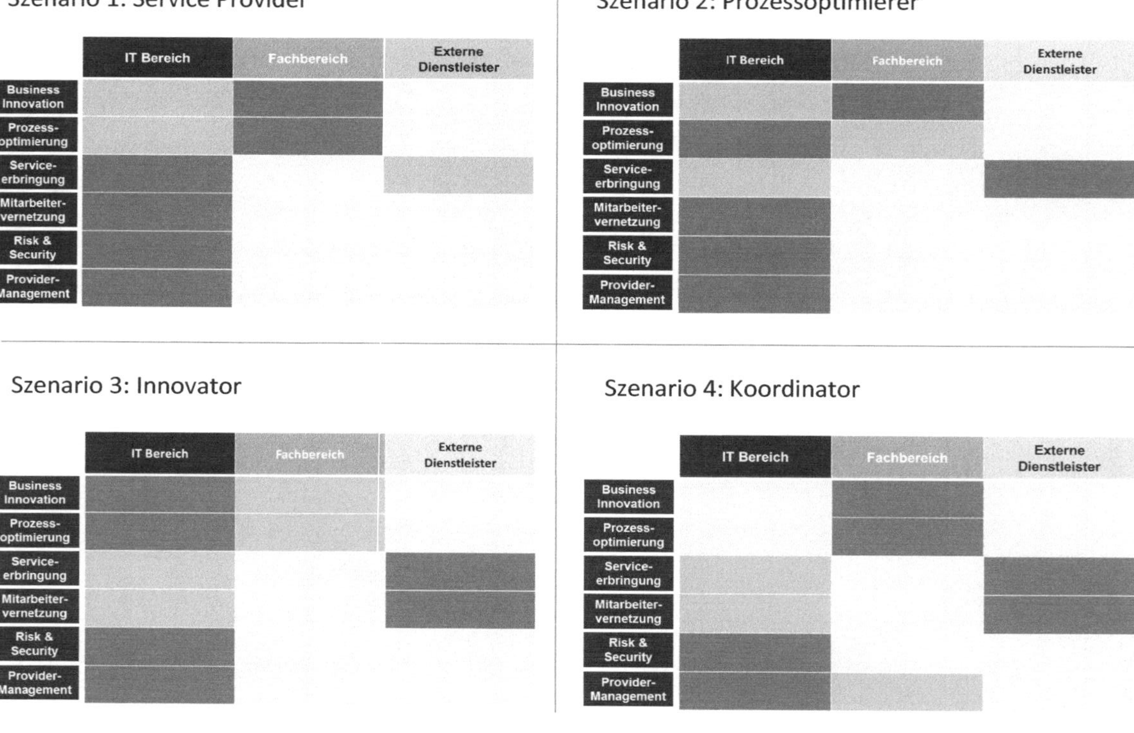

Abb. 3.4 Typische Szenarien der IT-Organisation

Regelfall. Die Unternehmens-IT nimmt dann nur noch eine koordinierende Rolle ein und sorgt neben Aspekten des Sicherheits- und Risikomanagements für das Provider- bzw. Cloud Management. Denkt man in diese Richtung weiter, könnten in einem Extremszenario selbst die mit dem Provider-Management verbundenen Aufgaben in die Fachbereiche wandern, sodass lediglich eine „Rumpf-IT" bzw. „Rest-IT" im Unternehmen verbleibt.

Ausgehend von einer aktuellen Standortbestimmung (Ist-Situation) kann mithilfe dieses Ansatzes ein Zielkorridor für die künftige IT-Organisation entwickelt und visualisiert werden. Auch wenn die Unternehmens-IT nur begrenzte Möglichkeiten besitzt, die künftige Rolle alleine festzulegen, bietet die Methodik eine gute Basis, um ein gemeinsames Verständnis der Relevanz und der Verantwortung für zentrale Aufgaben der IT im Unternehmen zu entwickeln. Die Einigung auf ein Zielszenario legt dann die Grundlage für weitere Überlegungen, insbesondere im Hinblick auf die künftig erforderlichen Skills bei den jeweiligen Akteuren.

3.3   Phase 3: Rollen und notwendige Skills der Aufgabenträger

Aufgaben müssen nicht nur den genannten Akteuren, sondern auch konkreten Aufgabenträgern in Form von Stellen bzw. Rollen zugeordnet werden. Neben klassischen Rollen im IT-Bereich wie Demand-, Produkt-, Servicemanager oder Anwenderbetreuer, die auch in neuen bzw. veränderten Szenarien erhalten bleiben, ist absehbar, dass sich zunehmend neue Rollen entwickeln, die in IT-Organisationen wahrzunehmen sind.

Neue Aufgaben ergeben sich bspw. in Verbindung mit standardisierten Cloud Lösungen. Mit einer Ausweitung dieses Betriebsmodells sind zunehmend Cloud Architekten gefragt, die in der Lage sind Cloud Plattformen aufzubauen und Cloud Services zu integrieren. Entwicklung der Cloud Architektur und der Plattformstrategie, Planen und Umsetzen von Anpassungen in Bezug auf Architektur, technische Trends und Standards sowie Konnektivität zu Drittanbietern, Definition von Guidelines und Evaluation der Technologiepartner sowie das Vorantreiben strategischer und neuer technischer Initiativen sind hierbei wesentliche Themen. Daneben werden Einkäufer benötigt, die als kompetente Ansprechpartner für alle Belange rund um die Beschaffung von Hardware, Software und IT-Dienstleistungen fungieren, und das Lieferantenmanagement vorantreiben.

IT-Risikomanager, die in der Lage sind, die Risiken, die durch die IT oder deren Verwendung entstehen, zu erfassen, zu analysieren und zu bewerten sowie Handlungsbedarfe abzuleiten, sind in allen oben beschriebenen Zielszenarien zunehmend erforderlich, genauso wie IT-Architekten, die insbesondere bei einer stärkeren Dezentralisierung von IT-Entscheidungen an Bedeutung gewinnen, um einen „Wildwuchs" zu vermeiden und die Einhaltung der IT-Governance-Regelungen sicherzustellen.

Abhängig vom konkreten Zielmodell könnten weitere Rollen gefordert sein. Wenn die IT stärker in die Prozessoptimierung eingebunden wird, sind Prozessmanager gefragt, die u. a. Prozessanalyse und Schwachstellenermittlung sowie die Erarbeitung und Umsetzung von Optimierungsmaßnahmen mit bestehenden oder neuen IT-Lösungen vorantreiben. Diese Rolle dürfte auch dadurch an Bedeutung gewinnen, dass sich die End-to-End Abwicklung von Prozessen mit IT fundamental ändert: Wenn in einer durchgängigen Prozesskette wie der Auftragsabwicklung mehrere SaaS Lösungen eingesetzt und diese dann noch von verschiedenen Fachabteilungen verantwortet werden, sind Prozessmanager gefordert, die jeweiligen ganzheitlichen Abläufe zu gestalten. Das Prozessmanagement entwickelt sich dann zur Rolle der „Service Integration". Die Rolleninhaber müssen sicherstellen, dass verschiedene Cloud Applikationen in Verbindung mit internen Systemen den Prozess effizient und stabil unterstützen.

Für das oben dargestellte Innovatorszenario müssen Stellen besetzt werden, die sich mit der Analyse relevanter Märkte, der Weiterentwicklung und Bewertung von Ideen zum Einsatz innovativer IT-Lösungen sowie die Formulierung von Empfehlungen für neue Innovationsfelder beschäftigen. Die Initiierung von Kreativprozessen mit internen und externen Ansprechpartnern mit dem Ziel der Generierung neuer Innovationsideen setzen Fähigkeiten voraus, die aktuell nicht in jedem Fall in bestehenden IT-Organisationen vorhanden sind und daher zu entwickeln sind.

Ein weiteres Skillprofil, das an Bedeutung gewinnen wird, sind Data Scientists, da in der wirtschaftlichen Nutzung von Daten ein großes Potenzial zur Umsetzung neuer Geschäftsmodelle und zur Prozessoptimierung liegt. So ist beispielsweise im E-Commerce das Betreiben eines Online Shops mit dem relevanten Content rund um die Produkte kaum noch der zentrale Erfolgsfaktor. Die aktuelle Entwicklung zeigt, dass angesichts kürzerer Lieferzeiten und sehr vieler Varianten die Fähigkeit zur Bedarfsprognose und aktiver Produktempfehlungen auf Basis von Big Data über den Erfolg im Markt entscheiden wird. Davenport und Patil (2012) gehen deshalb so weit, dieses Skill Profil als „The Sexiest Job of the 21st Century" zu bezeichnen.

Grundsätzlich ist festzuhalten, dass für die meisten der „neuen" Rollen ein starker Aufbau von Business- und IT-Innovationskompetenz erforderlich ist. Dies wird künftig eine zentrale Aufgabe im Rahmen der Transformation der Unternehmens-IT darstellen.

Weiterentwicklung zur „IT der zwei Geschwindigkeiten"

4

Die vorgestellten Überlegungen zeigen einen Weg auf, das Ziel-Modell einer IT-Organisation systematisch zu entwickeln und Handlungsempfehlungen insbesondere im Hinblick auf den Aufbau von künftig benötigten Skills abzuleiten. Dies kann einen Beitrag dazu leisten, digitale Transformation aktiv zu gestalten, d. h. Veränderungen nicht nur anzustoßen, sondern bis zur erfolgreichen Umsetzung zu begleiten.

Dabei ist zu beachten, dass die Unternehmens-IT häufig mehrere Rollen wahrnimmt, die teilweise konträr zueinander stehen. Es gibt einen großen Unterschied zwischen der für das Management der „IT als Service Provider" erforderlichen Organisation und jener, die benötigt wird, um eine neue IT mit unsicherer Technik und rascher Änderung zu beherrschen. Um langfristig erfolgreich zu sein, müssen Organisationen in der Lage sein, beides zu tun. Beidhändiges Management sollte in der Lage sein, die „reife IT" basierend auf Kosten und Qualität und die „neue Welt" der IT basierend auf Geschwindigkeit und Anpassungsfähigkeit gleichzeitig zu steuern. Diese „IT der zwei Geschwindigkeiten" (Mingay und Mesaglio 2016) erfordert es, die hier vorgestellte Aufgabenanalyse und -zuordnung nicht nur ganzheitlich für alle IT-Services, sondern selektiv für jeden IT-Service durchzuführen. Es bietet sich daher an, das hier vorgestellte Modell in diese Richtung weiterzuentwickeln.

Bei der Trennung der IT in einen auf Effizienz und Sicherheit ausgerichteten Bereich und einen zweiten, der auf Agilität und Kundennähe (Effektivität) fokussiert ist, sind die von dem IT Service unterstützten Prozesse zu analysieren Supportprozesse wie Leistungsabrechnung, Personaladministration oder Beschaffung erfordern in der Praxis oft eine geringe Agilität. Hier sind Organisationsmodelle mit strenger Trennung von Supply und Demand sowie formalisierte Prozessen oft sinnvoll. Für IT-Services mit hohen Anforderungen an die Kundennähe und

© Springer Fachmedien Wiesbaden GmbH 2017
H. Schröder und A. Müller, *IT-Organisation in der digitalen Transformation*, essentials, DOI 10.1007/978-3-658-18645-6_4

Agilität ist dagegen eine enge Verzahnung von Business und IT erforderlich, und die Hauptverantwortung für IT wird tendenziell eher im Fachbereich zu verankern sein.

Die Agilität der IT bei der Entwicklung neuer Services ergibt sich aus der Gestaltung der Abläufe und der operativen Zusammenarbeit der Beteiligten. Veränderungsbereitschaft und Geschwindigkeit bei der Umsetzung entstehen nur in Strukturen, die eine multifunktionale Zusammenarbeit im Prozess erfolgreich umsetzen. Deshalb ist zumindest im Bereich der „Speed IT" darauf zu achten, dass Aufgabenträger mit Kundenwissen, Prozesswissen sowie analytischen Fähigkeiten mit den IT-Experten in Teams zusammenarbeiten. Moderne Methodensets des IT-Management wie Scrum, Design Thinking, DevOps etc. haben als ein gemeinsames Merkmal die Bündelung aller notwendigen Skills zur Lösung eines für den Kunden wichtigen Problems – multifunktionale Kollaboration ist hier die Regel. Im Rahmen der Digitalisierung muss die IT eng mit dem Business verzahnt und integraler Bestandteil des Business werden. Für die Corporate IT heißt das, dass sie den Aufbau von IT Kompetenz in den Fachbereichen aktiv mitgestalten sollte und sich selbst auf die Koordination und Fragen der Governance konzentriert. Das oben beschriebene Szenario 4 der IT-Organisation als Koordinator scheint somit die zukünftige Rolle der IT am besten wiederzugeben. Im Rahmen der Transformation stellt das die IT-Leitung vor eine große Herausforderung, da dies in vielen Fällen ein neues Selbstverständnis der IT bedeutet.

Was Sie aus diesem *essential* mitnehmen können

- Digitale Transformation ist kein reines IT-Thema, sondern betrifft alle Bereiche des Unternehmens
- Die Rolle der Unternehmens-IT wird sich angesichts der Übertragung von Aufgaben an Fachabteilungen und externe Dienstleister fundamental ändern
- Die systematische Analyse der Aufgaben der IT gemäß der erarbeiteten Methodik ermöglicht es, den Veränderungsbedarf zu erkennen
- Durch Verteilung der Aufgaben auf die Unternehmens-IT, die Fachbereiche und externe Dienstleister lassen sich mit der vorgestellten Methodik Szenarien für die IT Organisation ableiten
- Koordination und Governance werden für die Unternehmens-IT noch stärker in den Vordergrund rücken
- Für die neuen Rollen und Aufgaben in der Unternehmens-IT sowie in den Fachbereichen werden andere Skills benötigt als bisher: Digitale Transformation impliziert Veränderungen auf Mitarbeiterebene
- Die vorgestellte Methodik kann auf die IT als Ganzes, aber auch zur Verteilung der Aufgaben für einzelne IT-Services eingesetzt werden. Letzteres liefert einen Beitrag, um die IT der zwei Geschwindigkeiten zu organisieren

© Springer Fachmedien Wiesbaden GmbH 2017

H. Schröder und A. Müller, *IT-Organisation in der digitalen Transformation*, essentials, DOI 10.1007/978-3-658-18645-6

Literatur

Andermatten M (2014) Wie Cloud Services das Betriebsmodell in Unternehmen verändert. HMD Prax Wirtschaftsinform 51(6):782–794

Andriole SJ (2015) Who owns IT? Commun ACM 58(3):50–57

Bardhan I, Demirkan H, Kannan P, Kauffman R, Sougstad R (2010) An interdisciplinary perspective on IT services management and service science. J Manag Inf Syst 26(4):13–64

Brenner W, Györy A, Pirouz M, Uebernickel F (2011) Bewusster Einsatz von Schatten-IT: Sicherheit & Innovationsförderung Studiennummer SIT/01. Universität St.Gallen, St. Gallen

Buchegger P (2013) Mobile Geräte sicher im Business nutzen. IS Report 17(6,7):24–30

Capgemini (2015) Studie IT-Trends 2015. Digitalisierung gibt Zusammenarbeit zwischen Business und IT eine neue Qualität

Choudhary V, Vithayathil J (2013) The impact of cloud computing: should the IT department be organized as a cost center or a profit center? J Manag Inf Syst 30(2):67–100

Davenport TH, Patil DJ (2012) Data scientist: the sexiest job of the 21st century. Harv Bus Rev 90(10):70–76

Detecon (2011) IT-Organisation 2015 – Fit für die Zukunft. Facelift oder Modellwechsel? https://www.detecon.com/sites/default/files/DEB-IT-Organisation-2015-Fit-fuer-die-Zukunft-2011.pdf. Zugegriffen: 19. Apr. 2017

Erl T, Mahmood Z, Puttini R (2013) Cloud computing: concepts, technology & architecture. Prentice Hall, Upper Saddle River

Forman C, King J, Lyytinen K (2015) Information, technology, and the changing nature of work. Inf Syst Res 25(4):789–795

Goodwin B (2013) The changing role of IT. Comput Wkly 11(4):24–27

Gruber J, Bewernick M, Kempelmann K (2013) Achtung Compliance: Was der berufliche Einsatz privater Endgeräte von Unternehmen und Mitarbeitern fordert. IT Gov 7(14):13–17

Horndasch R, Schmidt C, Heck J, Faymonville M (2011) Cloud Computing – Evolution des Sourcing-Begriffs hin zur IT-Industrialisierung. Inf Manag Consult 26(2):38–41

ISACA-Fachgruppe Cloud Computing (2015) Cloud Governance in deutschen Unternehmen – eine Standortbestimmung. IT Gov 9(21):8–13

ISACA-Fachgruppe Cloud Computing in Kooperation mit PwC Deutschland (2016) Cloud Shadow IT – Risiken und Kontrollmöglichkeiten. IT Gov 10(23):4–11

© Springer Fachmedien Wiesbaden GmbH 2017   23
H. Schröder und A. Müller, *IT-Organisation in der digitalen Transformation*, essentials, DOI 10.1007/978-3-658-18645-6

Johnston J (2015) Loose tweets sink fleets' and other sage advice: social media governance, policies and guidelines. J Public Aff 15(2):175–187

Jost W (2012) Die neue Rolle des CIO. Harv Bus Manag 34(1):66–67

Kalinowski T, Rodriguez C, Witt R (2012) Verändern Social Media, Mobility und Cloud Computing die Rolle der Unternehmens-IT? Wirtschaftsinform Manag 4(1):40–51

Kappelman L, McLean E, Luftman J, Johnson V (2013) Key issues of IT organizations and their leadership. The 2013 SIM IT trends study. MIS Q Exec 12(4):227–240

Knoll M (2014) Praxisorientiertes IT-Risikomanagement Konzeption, Implementierung und Überprüfung. dpunkt, Heidelberg

Koch P, Ahlemann F, Urbach N (2015) Die innovative IT-Organisation in der digitalen Transformation. Vom Plan-Build-Run zu Innovate-Design-Transform. Diskussionspapier. http://www.fim-rc.de/Paperbibliothek/Veroeffentlicht/515/wi-515.pdf. Zugegriffen: 19. Apr. 2017

KPMG (2015) Cloud Monitor 2015, Cloud Computing in Deutschland – Status quo und Perspektiven, Studie in Zusammenarbeit mit BITKOM. https://www.bitkom.org/Bitkom/Publikationen/Cloud-Monitor-2015.html. Zugegriffen: 29. Apr. 2016

McAfee A, Brynjolfsson E (2012) Besser entscheiden mit Big Data. Harv Bus Manag 34(11):22–30

Mingay S, Mesaglio M (2016) Deliver on the promise of bimodal. https://www.gartner.com/doc/3216217. Zugegriffen: 19. Apr. 2017

Myers M, Sundaram D (2012) Digital natives – rise of the social networking generation. Univ Auckl Bus Rev 15(1):28–37

Porter ME, Heppelmann JE (2014) How smart, connected products are transforming competition. Harv Bus Manag 92(11):34–61

Roohani S, Attaran S (2014) Social media: new challenges and opportunities for corporate governance. Int J Discl Gov 11(4):366–379

Sammer T, Back A, Walter T (2014) Mobile Business. Management von mobiler IT in Unternehmen. Buch & Netz, Zürich

Schröder H, Krüger J (2014) Aktuelle Herausforderungen und Gestaltungsoptionen für moderne IT-Organisationen. Arbeitspapier 2014-01. NORDAKADEMIE. https://www.nordakademie.de/fileadmin/dateien/downloads/Dokumente/Forschung/Arbeitspapiere/AP_2014_01.pdf. Zugegriffen: 19. Apr. 2017

Thomas O, Varwig A, Kammler F et al (2017) DevOps: IT-Entwicklung im Industrie 4.0-Zeitalter. HMD Prax Wirtschaftsinform 54(2):178–188

Urbach N, Ahlemann F (2016) Der Wissensarbeitsplatz der Zukunft: Trends, Herausforderungen und Implikationen für das strategische IT-Management. HMD Prax Wirtschaftsinform 53(1):16–12

Vossen G, Haselmann T, Hoeren T (2012) Cloud Computing für Unternehmen. Technische, wirtschaftliche, rechtliche und organisatorische Aspekte. dpunkt, Heidelberg

Westerman G, Bonnet D (2015) Revamping your business through digital transformation. MIT Sloan Manag Rev 56(3):10–13

Zimmermann S, Rentrop C (2012) Schatten-IT. HMD Prax Wirtschaftsinform 49(288):60–68